AF310813

LETTRES

ANGLO-FRANÇAISES.

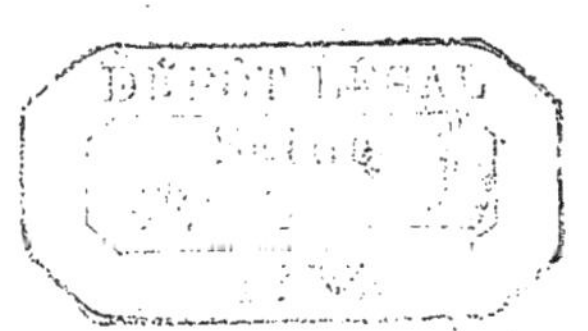

PARIS. — IMPRIMÉ PAR PLON FRÈRES,

IMPRIMEURS DE L'EMPEREUR,

RUE DE VAUGIRARD, 36.

LETTRES

ANGLO-FRANÇAISES

PAR

M. HENRI DEBOSQUE.

PARIS

LIBRAIRIE PLON FRÈRES,

RUE DE VAUGIRARD, 36.

1853

AVANT-PROPOS.

Des motifs de différente nature, et dont je ne crois point utile ou nécessaire pour le moment de rendre compte, m'incitent à donner toute la publicité que me le permettra mon obscurité à un certain nombre de lettres privées, ou ayant un autre caractère, que j'ai cru pouvoir ou devoir écrire en certaines conjonctures... Je les reproduirai textuellement, laissant invariablement de côté, selon mes principes, les noms nullement officiels, du reste, des destinataires...

Ces lettres abruptes, incorrectes, prime-sautières, sans aucun mérite de style (mais le style n'est point l'homme), je les recommande à la bienveillance du comité du congrès de la paix, et les dédie, quoique indigne, à sa plus illustre et glorieuse personnification, c'est-à-dire à M. Cobden.

Elles seront la préface d'un ouvrage plus complet, et plus spécialement celle d'un mémoire qu'il entre dans ma pensée d'adresser avant l'expiration du terme aux membres du jury...

Je ne cherche ni n'ai jamais recherché une célébrité quelconque, aussi incompatible avec une médiocrité que je suis le premier à reconnaître qu'avec mes goûts et mes habitudes.

Ce serait donc étrangement se méprendre que d'attribuer à un sentiment puéril d'amour-propre la résolution que je prends. Ah ! celui qui m'inspire est plus élevé et se traîne rarement à plat ventre dans la boue des intérêts matériels...

Si dans cette revue rétrospective de mes pensées je donne la préférence à mes dernières lettres, c'est à cette fin d'éviter autant que possible une inopportunité qui deviendrait d'autant plus grande, si je venais à suivre une marche plus chronologique.

Je ne puis cependant admettre qu'il puisse en être de certaines considérations politiques ainsi que de ces aperçus moraux, dont l'actualité cesse et disparaît avec la cause éphémère qui les a fait naître.

Ce n'est point à dire que les miennes puissent avoir une telle portée, mais un but que l'on recherche, que l'on poursuit en son cœur, est toujours chose sérieuse en soi...

J'ai dit faiblement, après bien des historiens, après surtout le plus lucide et principalement le plus national, que la guerre néfaste de 1793 avait été imposée au ministère anglais par le haut commerce de Londres, et je tirais de ce fait avéré la conséquence qu'une conduite plus en harmonie avec les hautes conceptions de ces vastes esprits commerciaux devait infailliblement amener, dans un temps plus ou moins rapproché, un résultat diamétralement opposé....

Or, si j'ai jugé à propos de citer l'opinion d'un poëte, dont le nom resplendira de plus en plus dans les âges, sur cette lamentable journée de Waterloo, c'est uniquement dans le but (on le comprendra facilement) d'appliquer un baume consolateur sur une plaie aux trois quarts cicatrisée, et que d'autres cherchaient à raviver...

C'était, si je ne me trompe, de l'homéopathie pour ainsi dire politique, ou, pour parler plus simplement, une espèce *de fiche de consolation*, présentée à cette fin de faire oublier à mon pays, saturé de gloire militaire, une défaite que je considérais comme le plus glorieux des désastres...

J'allais plus loin, et dans mon vif désir d'adoucir d'amers souvenirs, j'avais commenté presque avantageusement les vieilles affaires de Crécy, de Poitiers, d'Azincourt, souvenir dont on enflammait les cœurs, et auxquels, du reste, l'élégant historien M. de Barante donne un tour héroïque bien fait pour en atténuer l'irritabilité, sans parler de cette philosophie plus chrétienne, contre laquelle viendront se briser les récriminations et les mauvais vouloirs d'hommes sans portée réelle...

J'ajoute que je me suis permis de penser et d'écrire que les chefs des deux plus grandes nations du monde (et les nations ont toujours des chefs, des délégués avec des mandats plus ou moins restrictifs et circonscrits), ayant les mêmes devoirs de conscience et d'humanité à remplir que les autres hommes dans leur sphère privée, étaient parfaitement aujourd'hui aptes à comprendre et à concevoir que cette action, qui consiste à séparer systématiquement, et presque toujours malencontreusement, ce qui tend de jour en jour à se rapprocher, à se presser amicalement, est toujours en soi une chose perverse, un de ces crimes de lèse-humanité, que l'histoire flétrit, et le plus souvent un de ces brevets d'incapacité et d'imprévoyance, ratifié et bafoué par le penseur sage, dont on ne peut briser la plume.

Et de tous ces faits, de toutes ces réflexions successives, je tirais cette déduction logique, que les peuples, mieux avisés, réalisant enfin, en dépit des dissolvants, des espérances sans cesse déçues, finiraient par signer un traité sauvegarde, vrai palladium sous lequel viendra s'abriter tout ce qui pense, se meut, veut rester ou devenir libre.... C'est pourquoi,

N'attacher qu'une faible importance à la démarche vraiment décisive que vient de faire le haut commerce de Londres, et prétendre que le gouvernement anglais ne s'est jamais considéré comme engagé ou lié par de telles démonstrations, est, à mon avis, autant une erreur historique qu'une faute d'appréciation.

Telle est mon opinion, malgré certaines observations aigres-douces et plus ou moins concluantes de quelques casuistes constitutionnels.

A quelle époque, me suis-je demandé, l'opinion du commerce de la grande cité a-t-elle été méconnue ou dédaignée par le gouvernement anglais? Après avoir vainement et microscopiquement, pour ainsi dire, cherché tout cela dans l'histoire, je n'en ai trouvé trace nulle part; et, s'il en était autrement, que signifierait cette balle de laine, si elle n'était l'emblème du travail libre et l'expression matérialisée de son autorité prépondérante?

Si donc une guerre atroce fut déclarée par l'Angleterre à la France (*et vice versâ*), quelques mois seulement après l'ovation faite par le peuple de Londres au colonel Lauriston et à M. Otto, dont la voiture fut traînée à l'amirauté, puis chez lord Hawkesbury et M. Addington, il n'est point permis d'ignorer que les sentiments du peuple de Londres et du ministère anglais, qui était lui-même alors *in petto* pour la paix, étaient à cette époque complétement opposés à ceux du haut commerce, qui voulait et demandait la guerre; et que ces sentiments durent être singulièrement modifiés par les incidents déplorables qui surgirent coup sur coup et poussèrent les esprits à un état d'incandescence inouï.

Est-il d'ailleurs nécessaire d'ajouter que le demi-siècle de paix qui s'est écoulé depuis cette fatale époque a effacé à peu près tous les barbares préjugés, et peut-être aussi cette ligne de démarcation profonde qui existait entre le peuple et le commerce de plus en plus démocratisé?

Un tel exemple suffirait seul à prouver, en admettant que la situation et les idées fussent les mêmes aujourd'hui, l'irrésistible efficacité de cette pression souveraine qui vient de s'exercer d'une manière vraiment providentielle.

A-t-on oublié que les froids et grands penseurs qui dirigeaient les destinées de la Grande-Bretagne auraient agi peut-être différemment s'ils avaient pu croire fermement à la sincérité des assurances pacifiques de Napoléon, et à l'immuabilité de cette grande et magnifique politique, richement mais trop nerveusement déroulées sous les yeux de lord Witworth? Ils eurent tort sans doute de ne pas croire aux émanations spontanées du génie, mais qui donc oserait affirmer d'une manière invincible que ces hommes se trompaient dans leurs conjectures? Je l'ai dit, il est de ces moments où l'homme se doit plus à la vérité immortelle qu'aux préjugés et aux faits acceptés légèrement par la partialité patriotique, et c'est par égard pour elle que bien des gens seraient fort embarrassés d'exprimer leur avis s'ils étaient mis en demeure de le donner en leur âme et conscience, et seraient peut-être dans le même cas que le sage Cambacérès, qui trouvait qu'un procès avait été jugé, mais non plaidé. Il est seulement fâcheux que la langue officielle et diplomatique ne se prête point à ces paroles saintes et sacrées, qui rendent les assertions et les assurances d'honneur si sûres entre personnes qui n'ont point cependant le caractère sacré des chefs d'État.

Vouloir et ne pas vouloir les mêmes choses, a dit un grand écrivain romain, est le signe le plus certain de l'amitié : mais sur quoi pouvait-on s'entendre définitivement à cette époque, lorsqu'il n'existait aucune affinité entre des choses et des hommes ayant un but et des desseins contraires? Mais aujourd'hui sur quoi, bon Dieu! ne serait-il point possible de s'entendre, et quelles grandes et bonnes choses ne pourrait-on point faire concurremment!

L'union a sa marche, son orbe tracés lumineux dans la suite des temps; et l'Angleterre et la France, dont la séve ascendante a produit et peut produire tant de grandes pensées, n'ont peut-être pas un plan arrêté, pas un dessein digne de fixer les regards de l'humanité! Et tout serait possible cependant aujourd'hui.

Mais ce sont de ces choses qui ne me regardent pas... Cependant je crois avoir le droit de penser et de dire ceci, précisément parce que d'autres ont eu le droit contraire: c'est-à-dire que la France n'est ni à la merci ni à la remorque de l'Angleterre parce que de nobles gentlemen seront venus nous offrir spontanément la paix, et c'est dans l'illégalité constitutionnelle d'une telle démarche, plus officieuse qu'officielle de la part d'un peuple si observateur des règles, que je trouve précisément une garantie de plus de sincérité...

A la merci de l'Angleterre! Oui, je reconnais aujourd'hui, trop modestement sans doute, que si le gouvernement anglais, prêtant l'oreille à certaines insinuations, n'eût point reconnu, ainsi qu'il l'a fait si noblement et sans se battre les flancs, ce qui est résulté de fait du suffrage universel, et si agissant, au contraire, avec une profondeur détestable, il se fût prêté à un certain jeu de démolition latente trop vieux pour ne pas être connu, la France, poussée dans le vide, en butte aux machinations de toutes sortes, acculée dans ses frontières comme dans un lazaret, eût pu être finalement étouffée... Je dis peut-être, et pour cause!

Et c'est *précisément cette circonstance qu'on n'oubliera point*.... On se rappellera que cette conduite de braves gens fut inspirée à l'Angleterre précisément à une époque où elle aurait pu, sinon à bon droit, du moins spécieusement, se trouver, se sentir, je ne dis point effrayée (l'Angleterre, à mon avis, résisterait au monde entier dans l'état actuel!), du moins blessée dans sa susceptibilité de certains propos d'invasion stupide et barbare, propos fomentés, entretenus par la haine, par les désappointements intérieurs et extérieurs, et auxquels le gouvernement français a donné un démenti formel.

Nous n'ignorons point ce qu'on peut alléguer contre le gouvernement anglais accusé, par des délicatesses.... un peu tardives, de montrer trop d'âcreté lorsqu'il s'agit de quelque réclamation ayant trait à ses intérêts commerciaux; mais il est évident pour l'observateur impartial que de telles réclamations, lorsqu'elles ont eu lieu, ont toujours été ou corroborées ou justifiées par ce sentiment intime d'honneur national, qui a fini par faire en définitive du droit du dernier des citoyens anglais une chose inviolable par toute la terre, une chose qui provoque à cette heure des ménagements plus ou moins obséquieux ou scrupuleux.

Ces derniers points sont l'essentiel, le reste n'est rien ou peu de chose, et cela est si vrai qu'un homme d'État supérieur en toutes choses, émerveillé à la vue d'un si grand système, et sans dédaigner son titre de Français, dont autant que personne il s'est montré fier, fut entraîné à confesser un jour du haut de la tribune nationale qu'il serait très-orgueilleux d'être citoyen anglais...

Et puis voyez l'amiral Dundas qui vient de pousser l'audace de la probité jusqu'à offrir Malte comme refuge à la flotte française assaillie et tourmentée par la tempête. Malte ! qui serait un vrai coupegorge si l'honneur même n'en eût fait l'asile sacré de l'amitié. Non ! ce ne sont point là les symptômes de la perfidie, mais bien l'expansion de l'honneur humain dans sa plus magnifique démonstration. C'est l'expression sommaire du sentiment national le plus élevé à l'abri de tout indigne soupçon !

Et l'on veut que de tels caractères, agités par des pensées d'ire profonde, odieuses, parce qu'elles seraient sans motif réel, puissent un jour pousser l'iniquité de l'âme jusqu'à consentir à se fourvoyer dans les circonvolutions de cette politique nébuleuse, néfaste, qui n'a rien oublié, et qui pour faire table rase en toute sécurité d'avenir saurait bien pousser sa logique invariable, éternelle, jusqu'à marquer aussi son heure à certaines privautés ou excentricités libérales, après que le dernier glas funèbre aurait cessé de retentir sur la France. Quel ennui d'ailleurs pour l'Angleterre, que deviendrait-elle, que serait-elle devenue en bien des occurrences avec l'Europe absolutiste?... Est-elle au bout de toutes les conjonctures? serait-ce la première fois que la barbarie aurait vaincu la civilisation? Ah! je me le demande, que deviendrait-elle en proie à cette politique insondable, immuable, éternelle, vorace? Une alliance formelle est donc la sauvegarde des deux peuples et de la civilisation positivement à jamais menacée sous toutes les formes et sous tous les prétextes. Les dépouilles de la France! véritable peau d'ours après tout; et ne serait-ce point le cas de citer ces vers satiriques :

> Si l'ennemi souillait notre saint territoire,
> Dans ces quartiers bénis par des noms de victoire,
> Iéna, Mondovi, Rivoli, mont Thabor,
> Nos soldats en passant reparaîtraient encor ;
> Debout et dominant la triomphale rue,
> L'empereur passerait la dernière revue
> Et jugerait d'en haut, en les suivant des yeux,
> S'ils marchent vers le Rhin du pas de leurs aïeux,
> Et fiers, en inclinant leurs guidons vers la terre,
> Nos soldats lui rendraient le salut militaire.
>
> . . . .
>
> Mais le chapeau connu, scellé de la cocarde,
> Celle qui rayonnait devant la vieille garde,
> Et le vieux manteau brun dont les immenses plis
> Ont joué dans les vents d'Arcole et d'Austerlitz;
> Le cercueil de l'armée ouvrant la longue marche
> Vers le camp philistin roulerait comme l'arche.

A ce magique aspect, sourds aux ordres des rois,
Moscovites, Saxons, Croates, Bavarois,
Tous soldats, tous enfants d'une zone sauvage,
Viendraient dans notre camp baiser le sarcophage,
Et par un saint respect terrassés comme nous,
Même avant le combat tomberaient à genoux.

Si pourtant quelque jour, dans leur ligue féconde,
Les rois contre la France entrelaçaient le monde,
S'ils poussaient à la fois leurs innombrables camps
Des rives d'Archangel au sommet des Balkans;
Si, débordés par flots dans notre Babylone,
Ils venaient se ruer sur la grande colonne
Avant que la statue, abandonnant les airs,
Étalât ses débris sur nos pavés déserts,
Avant que l'arche sainte, idole de l'armée,
Au temple de Dagon disparût enfermée,
La France tout entière aurait trouvé la mort
Devant le char funèbre où Napoléon dort.

L'Angleterre, vaisseau de cent mille canons,
Elle qui pleure aussi sur de sublimes noms !
Avec sa voix d'airain qui porte l'épouvante
Dirait : Laissons en paix les soldats de la France.
Place aux soldats du ciel, Autriche, je le veux,
Et malheur à qui touche un seul de leurs cheveux!

Et l'on se figure que la grande et vieille race des
Russel, noble et grande lignée s'il en fut, que les
Palmerston, hommes incomparables, se prêteront jamais à un aussi exécrable plan, à un aussi indigne
métier! Palmerston! peut-être le plus grand homme
de l'Angleterre, s'il est vrai qu'un jour d'inspiration divine il ait fait de l'inviolabilité d'un homme
une question de défi à outrance (*even with the arms,
of this country*)! soutenir par les armes la cause

sainte de l'hospitalité! quel rayon d'immortalité! Non, jamais il n'avait été donné aux hommes de contempler un plus grand exemple de force et de dignité humaines; il en serait un autre non moins grand, c'est celui qu'offrirait l'héritier du Régulus, du Bellérophon; si un jour, escorté seulement de quelques amis, ainsi que le fit Sylla dans Rome, ainsi que lui-même le fait tous les jours avec non moins d'héroïsme, si foulant aux pieds toutes vaines formalités et surgissant tout à coup au rivage hospitalier, il disait au peuple : Au nom de l'humanité, je veux et demande la paix... que tout soit oublié!

Alors l'on verrait à coup sûr ce peuple qui, mieux qu'Alexandre, a su conquérir l'Inde et la garder; qui a vaincu la matière, idéalisé la raison, vivifié un hémisphère, saisir avec bonheur l'occasion qui lui serait offerte par la partie lésée d'effacer pour toujours un fâcheux souvenir, peut-être un remords de son cœur, et plus que jamais resplendirait alors son écusson sans tache.

A nous donc la vieille Angleterre, à nous aussi hommes du dix-neuvième siècle l'espérance de voir une auguste majesté, devançant le terme fixé par sa haute sagesse, couronner d'une main aussi ferme que hardie un édifice digne de la génération présente, digne enfin de la postérité...

PREMIÈRE LETTRE.

> C'est la faiblesse qui appelle la guerre, une
> résistance générale serait la paix universelle.
>
> MIRABEAU.

Il est tels moments, telles conjonctures, où le penseur libre se doit moins aux préjugés généraux qu'à la vérité toujours méconnue. Le penseur et le pays ne sont-ils point deux contractants, et tout contrat n'a-t-il point ses limites?

Mirabeau disait un jour dans son discours à une députation des quakers : « Il est une propriété qu'aucun homme ne voudrait mettre en commun : les mouvements de son âme, l'élan de sa pensée. Ce domaine sacré place l'homme dans une hiérarchie plus élevée que l'état social ; citoyen, il adopte une forme de gouvernement ; être pensant, il n'a de patrie que l'univers. » Fort de cet exemple, et laissant de côté cet amour-propre collectif national dont l'exagération est sinon aussi odieuse, du moins aussi

2

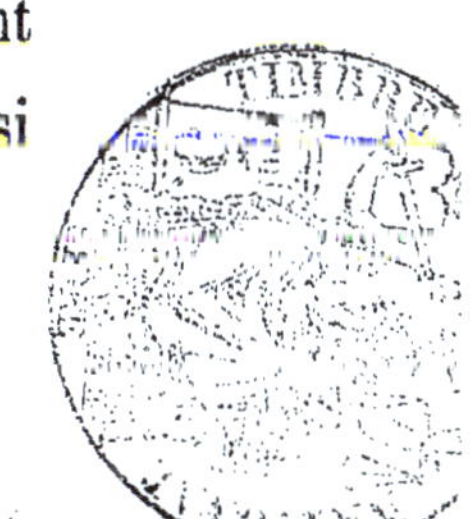

ridicule que les trop grandes préoccupations d'un égotisme plus personnel, je commence par déclarer que si l'on juge de la grandeur d'un peuple d'après ses aptitudes créatrices, je n'en connais point dans les temps modernes, j'allais presque dire dans l'antiquité, que la race anglo-saxonne...

Je n'en excepte pas même l'Union, qui n'est qu'un immense appendice de la grande nation, un produit gigantesque de la mère patrie. Je dis que cette grandeur inouïe qui m'étonne, et que j'admire, a eu sinon pour cause efficiente, du moins pour cause principale (car il en est d'autres), cette oligarchie intellectuelle et foncière que des esprits superficiels peuvent trouver rogue, provocatrice, mais que, pour mon compte, je trouve en général bien supérieure par sa tenue, sa dignité, sa pudeur, au patriciat romain si avili sous les Claude et les Caïus...

Lorsqu'un pays a produit presque coup sur coup, dans la classe aristocratique, des hommes tels que les Byron, les Peel, les Holland, les Grattan, les deux Chatham, les Scott, etc., etc., et dans les classes bourgeoises, non moins privilégiées ou dotées, des Shakspeare, des Milton, des Watt, des Priestley, des Gibbon, des Moore, des Sheridan, et toute cette innombrable et lumineuse pléiade de penseurs sublimes et de poëtes, il n'a rien à envier à aucun pays, pas même à la grande incubation florentine.

Je ne parle point des femmes de l'Angleterre, êtres si supérieurs en beauté, en délicatesse d'âme et de cœur, êtres privilégiés et sublimes, les seuls aptes peut-être à faire tomber si merveilleusement, si l'on peut ainsi dire, un royaume en quenouille. Est-il un seul Anglais qui ne vénère cette reine admirable de grâces et de raison juvénile, dont le front ne laisse échapper d'autres traces que ces effluves d'innocence et de pudeur, auréole plus brillante encore que sa couronne de reine, la plus belle entre toutes les couronnes? Et c'est précisément en raison de cette haute et incontestable supériorité d'âme et d'intellect que cette noble race d'hommes, qu'on appelle l'aristocratie anglaise, ne voudra point cette fois, sans motif sérieux, sans prévision d'un danger imminent, palpable, entraîner son peuple dans une guerre atroce, exécrable, impolitique, sous la pression de quelques célébrités capricieuses, un peu atrabilaires et hypocondriaques, ou devant les prescriptions d'une politique surannée et sans profondeur.

Il faudrait d'abord pour entraîner la nation britannique dans l'orbe sanglant d'une guerre fratricide, lui ravir subrepticement (et elle ne le permet-

2.

trait point) ces immunités, ces libertés dont elle jouit, ce droit de contrôle qu'elle exerce souverainement, qui n'est plus méconnu aujourd'hui, qui ne pourrait plus l'être sans danger, je ne dis point depuis Henri VIII ou Guillaume III, mais depuis cinquante ans.

Grâce donc à ce droit d'examen, la question de paix ou de guerre n'est plus renfermée dans les plis du péplum d'un *oligarque,* elle est dans le cœur des deux peuples, et dans les mains aussi de quelques hommes qui peuvent devenir les fléaux ou les sauveurs de l'humanité, selon qu'ils sauront tenir dans leurs mains, avec plus ou moins de circonspection, les clefs de cette boîte de Pandore.

Maintenant, jetons un coup d'œil sur la note des frais, et examinons les résultats de la colère de Pitt, si timoré et si grand cependant à son lit de mort.

Première guerre, en 1697, frais   21,500,000 ; tués, 100,000 hommes.
                                Morts de famine,   80,000
Guerre commencée en 1707, frais   43,000,000 ; tués, 250,000
       Id.   1739, ci   48,000,000 ; tués, 240,000
       Id.   1756, ci   111,000,000 ; tués, 250,000
       Id.   1793, ci 1,139,000,000 ; tués, 200,000
Guerre d'Amérique, en 1775, ci   160,000,000 ; tués, 200,000

La dette de l'Angleterre à la fin de la guerre de 1793 se montait à 1 milliard 50 millions sterling, c'est-à-dire à plus de 25 milliards de francs.

Tel est le passif sans commentaire et en raccourci d'après lequel il est facile de voir qu'on a taillé sans façon dans la chair humaine; et puis, comme les dates sont rapprochées, comme tout cela est dru et prouve en faveur de la raison! Je dis que si un tel état de choses devait recommencer et se perpétuer, les instigateurs, les provocateurs d'ici ou d'outre-Manche devraient être livrés, et ils le seraient indubitablement, à l'exécration de la postérité.

Faudra-t-il recommencer cette boucherie humaine qui dure depuis des siècles, cette période lamentable et douloureuse? N'est-on point repu de sang humain? Où donc peut être aujourd'hui, je ne dis point le motif, mais le prétexte d'une telle compétition sanguinaire systématique? Le temps où tout devait se passer entre Rome et Carthage n'est-il point loin de nous? Le monde est-il d'ailleurs si pauvre, si exigu, que les deux plus grandes nations de l'Europe ne puissent y vivre et s'y mouvoir sans de stupides et perpétuelles collisions sanglantes? N'existe-t-il point d'autres prétentions, d'autres visées plus profondes, plus redoutables dans leur homogénéité? Ah! il ne serait point besoin de la valeur d'Horace pour vaincre les insensés qui se seraient ainsi mor-

tellement blessés dans l'arène! Et ces insensés seraient, ai-je besoin de le dire, la France et l'Angleterre, et peut-être même l'Union, car un jour la
réaction avait même songé à arriver jusque-là.

Comment, il ne pourrait être permis à une nation
amie, toujours désintéressée et généreuse, de glaner
dans ce vaste champ de pépites dont les Anglais
sont les pionniers les plus intelligents, sans exciter
des regrets, je ne dis point des convoitises, mais des
protestations acerbes, et tout cela à propos de je ne
sais quel projet chimérique d'établissement de pa-
quebots sur tel ou tel point de nos côtes!

Tantœne animis Britonibus irœ!

Mais au moins soyez conséquents, et si vous ne
voulez la guerre, permettez du moins les développe-
ments successifs, les théories d'une paix honorable!

La civilisation serait-elle donc à jamais cette roche
de Sisyphe roulant perpétuellement du haut de cette
montagne maudite qu'on appelle la guerre!

Les jalousies, les préventions entretenues à dessein, voilà la lèpre qui ronge et corrode périodique-
ment le cœur des deux grands peuples.

Les Arapiles, Vittoria, Salamanque, ne seront
donc point les derniers combats?

Ah! il est un autre souvenir que je ne veux point rappeler; ce fut, dit-on, la bataille des géants, mais l'histoire et la philosophie donneront un autre nom à ce grand holocauste.

Et maintenant, tous les jours, depuis tantôt deux ans..... qu'arrive-t-il?

À la suite de quelques suppositions gratuites, propagées par la malveillance, par l'esprit de parti et le dépit boursouflé et piqué, suppositions qui ne tendent à rien de moins qu'à mettre en prévention, qu'à constituer un homme et un peuple en flagrant délit de barbarie; à la suite, dis-je, de telles menées souterraines, de quelques paroles faussement interprétées, et l'imagination aidant, il arrive qu'on transforme un cottage bourgeois en Caprée, et une nation fière de son passé en un peuple d'ilotes repus, en esclaves stipendiés, en Grecs dégénérés du Bas-Empire!

Il n'y a rien de tout cela ici; ce qu'il y a véritablement, je me suis proposé de le dire, car je suis libre dans mes allures, ne devant rien à personne, et ne relevant que de ma pensée!

Pour aujourd'hui seulement, m'adressant à la nation anglaise, je dis ceci : N'avez-vous point été fraternellement reçue à cette fête de l'hôtel de ville donnée en l'honneur de votre honorable représentant par la municipalité de Paris, et où votre présence nous faisait présager un avenir de paix et de concorde en harmonie avec la sympathie réciproque et l'estime des deux peuples? Se serait-il passé depuis lors un fait, un acte quelconque qui ait pu à bon droit blesser votre susceptibilité, exciter votre méfiance, soulever votre haine? Non, rien qui vous soit personnel ne s'est passé ici, à moins qu'on ne veuille arbitrairement et préventivement donner un corps à des intempérances de langage sans consistance, à quelques rêveries, à quelques élucubrations rétroactives et antédiluviennes !

Que s'est-il passé depuis? rien ; un mot peut-être splendide ajouté à une chose plus réelle, et puis ce mot excitant à outrance les haines, les perfidies, les mensonges, les machinations en sous-œuvre, les chausse-trapes, les puérilités et l'inconvenance du langage!

Où donc est celui, où sont ceux qui voudraient prendre sous leur responsabilité la plus effroyable des collisions, le plus sanglant des branle-bas? Est-il un homme d'État anglais, ou autre méritant vraiment ce nom, qui puisse méditer, concevoir même la pensée de pousser à un tel déluge, à un tel chaos! Non,

il n'existe pas, il ne peut exister, je le sens là à cette
noble estime, à cette sympathie pour les deux sœurs,
à cette confiance qui me permet de supposer que
bientôt... sous l'impulsion d'une sublime initiative,
la France sera aussi l'asile de la liberté... et ne sera
plus oubliée dans les magnifiques et généreuses apo-
strophes du noble Graham.

Dans l'intérêt de la civilisation, disait un original
un peu trop homme d'esprit, si j'avais à opter entre
l'incendie de Londres et la destruction de Paris, je
crois que j'opinerais pour le saccagement de Paris!

Dans mon anglomanie, je ne vais point jusque-là :
je tiens trop à voir l'œuvre des Médicis, Philibert et
Perrault brossée, parachevée, restaurée, illustrée,
peut-être même, je le crains, trop augmentée par
nos grands artistes impétueux.

Mais laissons la critique, d'autant plus qu'ils sont
plus compétents que moi en pareille matière; mais
je suis pour qu'on ne brûle rien du tout, car brûler
n'est point répondre, encore moins civiliser; cependant je ne pousse point mes sentiments à la Bernar-
din de Saint-Pierre à un point impraticable; et si
une guerre provoquée soit par l'imbécillité, la jac-
tance imprévoyante, par un malentendu diplomatique, ou par un coup de pistolet fortuit tiré par un

subalterne, est chose pitoyable au point de vue philosophique, et contraire aux intérêts des peuples, il ne s'ensuit point que je réprouve ces guerres nationales où l'honneur, ce sentiment sublime des nations, qui est la vie morale des peuples, aussi bien que celle des individus, est en jeu ; mais je ne puis souscrire à l'outrecuidante prétention de vouloir disposer sur un pied de mouche de la vie d'un million de pauvres diables, lorsque soi-même on hésiterait peut-être à exposer une partie de sa fortune aux chances du hasard... J'admets donc dans un cas de nécessité incontestable le droit des gouvernements, c'est-à-dire des procureurs fondés réels, de jouer ce grand jeu de la guerre, dans lequel leur responsabilité et leur existence politique est plus particulièrement engagée... Ma philosophie ne va même point jusqu'à considérer comme tout à fait futiles les rencontres individuelles, cette émotion de l'honneur qui pousse un brave torturé par la diffamation à jeter un cri désespéré de guerre à la face d'un misérable au cœur lâche ! Non, mes sentiments paternes ne vont point jusque-là, et avant la *promulgation de la loi contre le duel*, j'avais considéré cette nécessité exceptionnelle comme la dernière impasse, le dernier sanctuaire dans lequel l'homme outragé se retire, alors qu'il sent que la société ne peut rien faire pour lui, et son cas un de ceux qu'il ne lui est point permis de livrer au persiflage sans péril de deux ergoteurs..... On connaît son homme alors, on ne livre pas un combat à outrance à un inconnu, on sait à qui on a affaire, on brise du pied un piédestal sur lequel un coquin s'est hissé ; on stigmatise par la plus mortelle des injures un scélérat inédit... On provoque le jugement de Dieu, et tout est dit...

J'avais pensé que la société, avec laquelle il est, du reste, des accommodements en cette matière, n'avait rien à voir dans une pareille affaire, que j'avais considérée, avant la *promulgation* de la loi, comme un exutoire contre le guet-apens, et la barrière la plus efficace imposée à l'insolence et à la lâcheté souterraine..... Mais dans le duel des peuples, qui n'est point encore défendu, rien de pareil ; et, les pieds chaudement placés au coin du feu, combien de temps sera-t-il encore permis de disposer de la vie des hommes ?... Combien de temps sera-t-il permis à un gouvernement qui n'a point même pour excuse la nécessité du maintien de l'ordre intérieur de disposer de la fortune des autres nations en les obligeant à garder deux millions d'hommes l'arme

au pied, c'est-à-dire le plus net de la population...
perte directe et indirecte, inappréciable?... Je l'i-
gnore... et ne sais si ce serait dépasser les droits in-
ternationaux que d'exiger collèctivement un désar-
mement relatif; mais je dis en attendant ce beau jour:
Vive la France!... Vive aussi la vieille Angleterre,
qui mérite bien de vivre!

Monsieur le Rédacteur du ....

Monsieur,

Je lisais il y a quelque temps que *l'amnistie* ne
s'inspirait point dans les journaux. Mais alors, me
suis-je demandé, à quoi bon les journaux, s'ils ne
doivent pas tendre à provoquer de tels nobles sentiments, alors même qu'il n'y a point de nécessité
évidente?

Les journaux d'ailleurs n'ont-ils point leurs core-
ligionnaires, et ne sont-ils point quelquefois des
ayants droit, des fondés de pouvoir?

Les simples particuliers seraient-ils les seuls hommes qui eussent le désir de s'instruire, et serions-
nous revenus à ce temps où :

> Quatre bœufs attelés, d'un pas tranquille et lent,
> Promenaient dans Paris le monarque indolent.

Oh! pour ceci, je suis loin de l'admettre, et tant s'en faut! mais là n'est point la question. Si donc les journaux ont une certaine influence sur *l'esprit public*, s'il est vrai d'autre part que depuis deux ans il existe soit *ici*, soit de *l'autre côté du détroit*, depuis surtout le *compte rendu général d'un fâcheux anniversaire*, un travail de démolition en sous-œuvre de *l'entente cordiale*, ayant pour but volontairement ou involontairement d'exalter les esprits, où serait l'inconvénient, je me permets de vous le demander, qu'une feuille comme la vôtre, ayant une immense publicité, et dont le langage a été toujours si plein de bons sentiments, fît absolument le contraire de ce que crurent devoir faire, sous la pression d'une partie du haut commerce, les Windham, les Canning, les Granville, avant la rupture fâcheuse du traité d'Amiens?.....

Nous n'en sommes plus là, heureusement, aujourd'hui; mais il semble qu'on cherche de plus en plus à tendre la situation..... quelques-uns chez vous, sous l'impression de préoccupations chimériques, et ici dans le but d'embrouiller les cartes, et de pêcher (selon le dicton vulgaire) en eau trouble, il faut dire le mot.

Si votre journal en particulier voulait se prêter à

un travail de contre-mine (et je crois que ce serait
une bonne œuvre!), si cela, du reste, peut entrer
dans votre système, je me fais fort de vous en-
voyer hebdomadairement une lettre pacifique qui
témoignera du moins d'une grande franchise... Il
vous serait libre, du reste, de faire disparaître les
parties qui ne vous conviendraient point, ou d'en
atténuer la verdeur. Ces lettres, je les intitulerai an-
glo-françaises, me réservant de les publier plus tard.
Je suis libre, du reste, et si ma famille doit non pas
sa fortune, mais une certaine illustration relative à
Napoléon Ier, je ne dois à Napoléon III rien autre
que mon respect... Et quant aux gouvernements qui
l'ont précédé ou ses ayants cause, je ne leur dois
pas même la reconnaissance d'un verre d'eau...
Il me reste bien peu de place pour vous prier de
vouloir bien agréer, monsieur, l'expression de mes
sentiments les plus distingués.

Henri DEBOSQUE

www.ingramcontent.com/pod-product-compliance
Ingram Content Group UK Ltd.
Pitfield, Milton Keynes, MK11 3LW, UK
UKHW021352100726
13657UKWH00006B/2054